AF452365

CASSIUS

ET

VICTORINUS,

MARTYRS,

TRAGEDIE CHRÉTIENNE,

Tirée de Grégoire de Tours.

Par Monsieur DE LA GRANGE-CHANCEL.

A PARIS,

Chez la Veuve de Pierre Ribou, & Pierre-
Jacques Ribou, rue des Foſſez S. Germain, vis-
à-vis la Comedie Françoiſe, à l'Image S. Louis.

M. DCC. XXXIII.

Avec Approbation & Privilege du Roy.

A
MADAME
LA PRINCESSE
DE CONTY,

PREMIERE DOUAIRIERE.

ODE.

Rophanes Nimphes du Permesse;
Je ne veux plus suivre vos pas ;
Trop longtems vos trompeurs appas
Ont seduit ma folle jeunesse.
Plus j'approche du monument,
Plus je vois sans déguisement

ODE.

Combien vos faveurs sont à craindre ;
Et ma raison est un flambeau
Dont l'éclat n'est jamais si beau ,
Que lorsqu'il est prêt de s'éteindre.

Tantôt sur un ton langoureux
Vous avez ajusté ma lyre ,
Dont souvent mon tendre délire
A tiré des sons dangereux.
Tantôt plus charmé pour Athenes ,
Des traits lancez par Démosthenes ,
Qu'intimidé par ses malheurs ,
Je n'ai pas craint sous vos auspices
De parcourir des précipices
Que vous m'aviez semé de fleurs.

Que de jours remplis d'amertume
M'attira le courroux du Ciel ,
Quand je laissai couler le fiel
Où vous aviez trempé ma plume !
N'aurois-je pas perdu le jour
Dans l'horreur d'un affreux séjour
Voisin de l'Empire des manes ,
Si mes vœux s'étoient reposés

ODE.

Sur vos Hercules supposés,
Ou sur vos feintes Arianes ?

❀

J'adreſſai mes humbles regrets
Au Dieu qu'adore une Princeſſe,
Dont on priſe autant la ſageſſe
Qu'on fut charmé de ſes attraits.
Alors, agréable ſurpriſe !
L'airain de mes portes ſe briſe.
Ma fuite devance les vents,
Et je voi la plaine liquide
M'ouvrir une route ſolide,
A travers deux remparts mouvans.

❀

Compare, ô Chantre de la Grece,
A ces ſecours miraculeux,
Ceux que ton Heros fabuleux
Reçut d'une fauſſe Déeſſe.
Quiconque a Dieu pour ſon appui,
Et ne met ſon eſpoir qu'en lui,
Brave lès fureurs de l'envie.
Parmi les piéges des méchans,
Au milieu des glaives tranchans,
Il ne tremble point pour ſa vie.

❀

Armé d'un si puissant secours,
J'ai rendu ma course célebre,
Depuis le Pô, le Tage & l'Hebre,
Jusqu'où l'Amstel finit son cours.
De l'Apennin aux Pirenées,
J'ai vû des Têtes couronnées
Rélever mon sort abattu.
Souvent les Ames génereuses
Donnent aux fautes courageuses
Les éloges de la vertu.

❧

Sorti des Terres étrangeres
Ou j'ai vû dix ans s'écouler,
Qu'il m'est doux de ne plus fouler
Que l'héritage de mes peres.
Je vis sous leurs antiques toits,
Qu'aux superbes palais des Rois
Prefere mon Ame charmée.
Où plus heureux & plus Chrétien
Mon cœur ne se plaint plus de rien,
Que d'un peu trop de renommée.

❧

C'est dans cet azile assuré
Que souvent mes erreurs passées
Se sont en foule retracées,
A mon esprit plus épuré.
C'est-là qu'à ma lire profane,
D'un Roi que Dieu prit pour organe,
Préferant les sacrés accords,
J'ai crû que par de saintes rimes
Je devois expier les crimes
De celles qui font mes remords.

Vous que vers lui par tant de graces
Le Seigneur s'est plû d'attirer,
Vous qu'on peut bien plus admirer
Qu'on ne peut marcher sur vos traces,
PRINCESSE, versez dans mon cœur,
Pour en ranimer la vigueur,
Ce feu divin qui vous éclaire :
Et favorisez un projet
Qui peut-être a trop pour objet
Un nouveau desir de vous plaire.

Tandis qu'à l'Enfant de Cipris
Ma jeunesse a rendu les armes,

ODE.

J'ai de vous emprunté les charmes
Que j'ai dépeints dans mes écris.
Aujourd'hui qu'ennemi des fables,
C'est aux vérités ineffables
Que mon luth veut se consacrer,
Je prens sur vos vertus augustes
Celles que des rimes plus justes
Ont entrepris de célébrer.

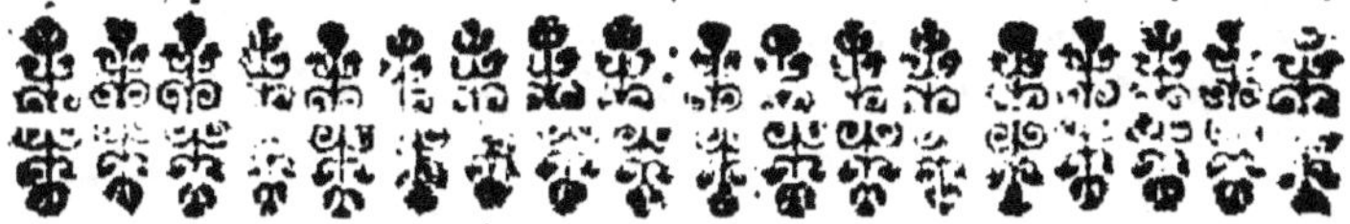

PREFACE.

L E sujet de cette Tragédie est tiré de Grégoire de Tours, chapitre 32. & 33. du premier Livre de ses Histoires Françoises. Voici ce qu'en dit ce saint & sçavant Evêque, suivant l'ancienne traduction, que j'ai crû devoir rapporter préférablement au texte latin pour la commodité du Lecteur.

En vingt-septiéme lieu, Valerien & Galien obtinrent l'Empire Romain. Au même tems Chrocus, Roi en Allemagne, ayant assemblé une armée, parcourut toutes les Gaules, & démolit de fond en comble toutes les maisons qui étoient bâties d'antiquité ; & passant en Auvergne, il brula, démolit & raza la Ville où étoit un Temple que les Galates en leur Langue Gauloise appelloient Vasso, lequel étoit fait & construit d'une architecture admirable, il avoit double muraille, dont celle de dedans étoit de menuë pierre comme à la mosaïque, & celle de dehors de pierre de taille, & étoit de trente pieds de largeur. Il étoit au dedans diversifié de marbre & de pierre-ponce : le plancher même d'icelui étoit pavé de marbre, & le toit & voûtes couverts de plomb.

L'Antiquité rapporte que Victorinus fut Prêtre du susdit Temple, lequel allant souventefois au Bourg qu'on appelloit le Bourg des Chrétiens, pour persécuter les Fideles, rencontra Cassius, par les prédications & miracles duquel il se convertit & crut en Jesus-Christ. Quittant les ordures des Temples pré-

phanes, il fut lavé du saint Sacrement de Baptême, & fut fort reluisant en œuvres de vertu; & peu de tems après lui & Cassius par le Martyre furent associés ça bas en terre, & s'en allerent ensemble à la vie céleste.

Les plaisanteries qu'on fit sur le nom de Valerien, lorsque le sieur de Riouperoux donna au Public une Tragédie qui portoit ce titre, m'ont empêché de prononcer le nom de cet Empereur. J'ai eu la même délicatesse pour le nom de Galien, à cause du célebre Médecin qui l'a porté. Claudius qui leur succéda m'a paru plus digne de paroître sur la Scene. L'incertitude de sa naissance, qu'aucun Historien n'a pû découvrir, m'a engagé à le faire fils de Cassius que je fais descendre des fameux Romains qui portoient ce nom; en quoi j'ai crû pouvoir imiter les fraudes pieuses de quelques Historiens, qui croyant augmenter la vénération qu'on a pour les Saints en leur attribuant une origine respectable, ont bien osé faire sortir de Hierusalem la Magdelaine de Provence, & tirer notre saint Denis de l'Aréopage d'Athenes.

J'avois d'abord mis des Stances dans la bouche de Victorinus après sa conversion, que je plaçois dans le quatrième Acte; mais comme nous en avons dans la Tragédie de Polieucte, je crus, par le conseil des Comédiens, devoir éviter cette espece de ressemblance. Cependant comme elles me paroissent bien travaillées, je ne puis m'empêcher de les exposer au jugement du Public, ne fût-ce que pour lui faire voir que lorsqu'il s'agit de lui plaire, je n'ai pas de peine à lui faire un sacrifice, où peut-être tout autre que moi, ne se seroit soûmis qu'avec répugnance.

STANCES.

LA vérité perçant les ombres ,
Qui m'entouroient de toutes parts ,
Dissipe enfin les voiles sombres
Qui la cachoient à mes regards.
L'esprit d'erreur & de mensonge
Vient de s'envoler comme un songe
Devant ses divines clartés ,
Et cette lumiere épurée
Me montre la route assurée ,
Dont mes pas s'étoient écartés.

Ces Dieux sans vertu , sans puissance ,
Ouvrages de nos propres mains ,
Ne doivent leur fausse naissance
Qu'à l'aveuglement des Humains.
Quels secours , quels effets propices
Peut-on tirer des sacrifices
Qui leur sont vainement offerts ?
Nos vœux pareils à la fumée
Qu'en pousse la flame allumée ,
S'évanoüissent dans les airs.

Le Dieu que les Chretiens adorent ,
Seul digne d'être notre appui ,
Peut donner à ceux qui l'implorent
Des biens immortels comme lui.
Envain de nos jours on décide ,
En vain sous le fer homicide
On nous fait tomber en tous lieux ,
A quelques traits qu'on soit en butte ,
Peut-on s'allarmer d'une chute
Qui nous éleve dans les Cieux.

Armé du sacré caractere
Qui vient d'animer ma vigueur,
Et qui par une Eau salutaire
Répand la grace dans mon cœur,
Les tourmens n'ont rien que je craigne,
Pour le monde que je dédaigne,
Je n'ai que des yeux ennemis ;
Et de ses charmes détrompée ,
Mon ame n'est plus occupée
Que du bonheur qui m'est promis.

Ma Fille , que pourront tes larmes
Contre le parti que j'ai pris ?
Je vais leur opposer des armes
Qui me rendront sourd à tes cris ;
Rien ne peut de ma main constante
Arracher la palme & l'attente
Qui sera le prix de ma foi ;
Et rien n'étonne mon courage ,
Que de n'avoir pas l'avantage
De la partager avec toi.

J'ai rassemblé dans Claudius les qualitez de Roi ,
d'homme & de Juge , qui au raport du grand Corneille n'avoient pas encore été reunis dans un même
personnage. On m'a mandé que quelques Critiques
ont blamé la dureté de Cassius envers son fils , mais
ils ne connoissent pas le caractere des premiers
Chrétiens. Il n'y avoit point alors de dispense de
vœux , & l'exemple de Jephté leur servoit de regle.
Les sentimens de M. de la Motte sur le Poëme
Dramatique m'avoient paru dignes d'une réponse , &
je me préparois à combattre les nouvelles regles qu'il
vouloit introduire sur notre Théatre , lorsque je vis
avec plaisir que M. de Voltaire m'en avoit épargné

la peine dans la Préface qu'il a fait imprimer à la tête de la nouvelle édition de son Oedipe.

On ne peut mieux faire voir l'illusion que cause
d'abord cette prétenduë unité d'intérêt dont M. de
la Motte s'applaudit d'avoir fait la découverte , &
qui n'eſt autre choſe que l'unité d'action, comme l'a
fort bien remarqué M. de Voltaire : mais j'ai été cho-
qué en même tems qu'un ſi habile Défenſeur des regles du Poëme Epique , en voulant nous montrer les
Modeles que nous devons ſuivre , n'ait pas craint de
mettre Adiſſon & Mafei à côté des Corneille , des
Racine & des Moliere. Ces deux Auteurs qui nous
ſont à peine connus , peuvent être eſtimez dans leur
Pays , mais les notres ſont admirés de toutes les Na-
tions. La réputation de l'Anglois n'a point paſſé la
mer , comme celle de l'Italien n'a point tranſpiré en
deçà des Alpes : & ſi M. de Voltaire accommodoit
quelqu'un de leurs Poëmes à notre Théatre , je ne
doute point que malgré tous les ornemens qu'il eſt
capable de lui donner , le ſuccès ne le détrompât
bientôt de ſon injuſte paralelle.

Il eſt beaucoup mieux fondé à ſoûtenir contre
l'opinion de M. de la Motte , qu'une Tragédie en
proſe ne ſeroit pas du goût du Public. On l'a trop
accoûtumé à entendre parler les Héros qu'on intro-
duit ſur la Scene une langue différente de la ſienne.
Il ne ſeroit pourtant pas impoſſible qu'une Tragédie
en proſe pût réuſſir. La licence des vers ïambes que
les Grecs & les Latins employoient à leurs Poëmes
Dramatiques pourroit autoriſer cette croyance. Igno-
re-t-on qu'à l'exception du ſecond & du cinquiéme
pied de ces vers, toujours compoſés d'une breve &
d'une longue , les quatre autres pieds admettoient
indifféremment les ſpondés , les dactiles , les tro-
chées , les tribraches , &c. ? Peut-on diſconvenir que

cette mesure irréguliere n'approchât beaucoup de la prose ? Et si M. de Voltaire connoissoit l'ancien Théatre, il sçauroit que la Tragédie de *Thomas Morus* réussit parfaitement autrefois, quoiqu'elle fût écrite en prose, & que la Serre en fût l'Auteur.

En effet, des Dialogues en prose bien vifs & bien serrez feroient plus d'effet sur les Spectateurs que des vers allongés par des épithetes ; & nous voyons souvent que les plus beaux endroits de nos Tragédies ne different point de la prose par leur noble simplicité.

* *Le Cid.* * Va, je ne te hais point ,

     Tu le dois.

       Je ne puis.

* *Les Hora-ces.* * Que vouliez-vous qu'il fît contre trois ?

       Qu'il mourût.

Ce n'est ni par la cadance ni par la mesure, que ces deux vers sont admirez de tout le monde, & les rimes même qui les suivent ne font que diminuer de leur prix.

Tout ce qu'un Auteur, qui voudroit écrire une Tragédie en prose, auroit le plus à craindre, ce seroit dans les récits qui demanderoient quelques longueurs, alors dépouillez de l'ornement de la rime, ils deviendroient languissans, & manqueroient de ces fins heureuses qui attirent les applaudissemens du Parterre. Ainsi le sentiment de M. de Voltaire doit l'emporter sur celui de M. de la Motte ; puisque le premier a l'usage pour lui, & que l'autre n'a qu'un seul exemple qui lui étoit même inconnu.

En effet, nous sommes si accoutumés à la rime, qu'elle est devenuë inséparable de la Poësie, & qu'elle en fait souvent le plus grand mérite. Malherbe, Racan, Rotrou, le grand Corneille ; & M.

Despreaux n'ont jamais manqué de bien rimer , &
M. Racine est le seul de nos grands Poëtes , qui se
soit dispensé deux fois de cette regle générale.

* Qu'as-tu vû ? que sçais-tu ?

Depuis quel tems, pourquoi, comment t'es-tu rendu ?

* Heureuse si mes pleurs vous peuvent attendrir,

Une mere à vos pieds peut tomber sans rougir.

C'est à la richesse de ses rimes que M. Rousseau
doit une partie de la réputation de ses Ouvrages.
Quiconque au contraire sera dans une habitude con-
tinuelle de rimer comme Pradon , *vaincu* avec *vertu*, *haï* avec *ami* , *heureux* avec *furieux* , *mouvement*
avec *enfant* , *périr* avec *servir* , &c. ne s'attirera jamais de véritables éloges qu'en se corrigeant de ce
défaut qui est encore plus remarquable sur le papier
que sur le Théatre.

Je vois avec plaisir * les meres à Memphis

Célébrer en pleurant le Vainqueur de leur Fils,

Et se boi le Nectar * quand la terre humectée

Boit à regret le sang des Neveux d'Erecthée.

* Racine.

* Malherbe.

ACTEURS.

CLAUDIUS, associé à l'Empire par l'Empereur Galiénus.

CASSIUS, Pere de Claudius, sous le nom de Licas.

VICTORINUS, Grand-Prêtre des Idoles.

JUSTINE, Fille de Victorinus.

MAXIME,
RUTILE, } Tribuns Romains.

CAMILLE, Confidente de Justine.

LEPIDE, Domestique de Victorinus.

GARDES de Claudius.

SUITE de Victorinus.

La Scene est à Clermont en Auvergne, dans le Palais de Victorinus.

CASSIUS

ET

VICTORINUS,

MARTYRS,

TRAGEDIE CHRETIENNE.

ACTE PREMIER.

SCENE PREMIERE.

JUSTINE, CAMILLE.

CAMILLE.

U Y, ce jeune Guerrier, que charment vos regards,
Est appellé, Madame, au Trône des Céfars.
De l'univers entier fa valeur admirée,

A ij

4 CASSIUS ET VICTORINUS,

Des Germains aujourd'hui la Gaule délivrée,
Ne pouvoient réunir en de plus dignes mains
Le choix de votre cœur, & celui des Romains ;
Bientôt, n'en doutez point, vous aurez l'avantage
De voir un Empereur vous rendre son hommage,
Et préférer aux noms de Maître & de Vainqueur,
Le plaisir innocent de charmer votre cœur.
Déja, pour s'acquitter des honneurs qu'il mérite,
Au devant de ses pas chacun se précipite.
Votre Pere lui-même, instruit de son devoir,
Se prépare à partir pour l'aller recevoir ;
Et vous seule, insensible aux progrès de ses armes ;
Semblez de ce grand jour ne pas goûter les charmes.

JUSTINE.

Claudius autrefois, je ne m'en défens pas ;
Perdit quelques soupirs pour mes foibles appas :
Mais Vainqueur des Germains, assuré de l'Empire ;
Aujourd'hui que dans Rome un autre espoir l'attire,
Quand les Alpes bientôt s'abaissant sous ses pas,
Auront mis entre nous de si vastes climats,
De Justine aisément il perdra la mémoire ;
Et dans ce haut degré de puissance & de gloire
Les soins de sa grandeur l'occupant chaque jour,
L'emporteront bientôt sur ceux de son amour.

CAMILLE.

Vous offenſez, Madame, un Héros qui vous aime,
Quand vous jugez ſi mal de ſon amour extrême.
Où trouveroit-il mieux, pour partager ſon rang,
L'éclat de la beauté dans celui d'un beau ſang ?
Grand-Prêtre de nos Dieux, deſcendu de nos Prin-
    ces,
Votre Pere, ſous lui, gouverne ces Provinces.
Dans l'un & l'autre emploi confiez à ſes ſoins,
De tous les malheureux prévenant les beſoins,
Ses ſublimes vertus, ſon illuſtre naiſſance,
Ne méritent que trop cette auguſte alliance.

JUSTINE.

Hé! ce ſont ces vertus qui peuvent l'empêcher.
Mon Pere, à la pitié ſe laiſſant trop toucher,
N'a point pour les Chrétiens cette haine cruelle,
Que Rome veut dans ceux qui commandent ſous
    elle.
Un de ces Malheureux, dont il devint l'appui,
Irrite dés long-temps nos Prêtres contre lui.
Je crains que Claudius, prévenu par leurs plaintes,
Ne porte à mon amour de mortelles atteintes :
On n'éprouve jamais d'ennemis plus cruels,
Que ceux qui ſont chargez du ſoin de nos Autels ;

Ni qui connoiſſent moins le pardon des offenſes,
Lorſque du nom des Dieux ils couvrent leurs ven-
geances.

CAMILLE.

Croyez-vous qu'un Amant ſe laiſſant prévenir,
A leurs reſſentimens conſentît de s'unir ?
Ni que dans votre Pere il prît pour une offenſe,
Un Acte de juſtice & de reconnoiſſance ?
S'il eſt vrai qu'un Chrétien fut l'objet de ſes ſoins,
Pour qui ſauva vos jours pouvoit-il faire moins ?
Sans lui, d'un monſtre affreux vous étiez la victime.

JUSTINE.

Un ſervice ſi grand n'efface pas ſon crime.
Je ne ſçai ſi les Dieux, à me nuire obſtinez,
Condamnent les ſecours qu'ils ne m'ont pas donnez;
Mais lorſque pour calmer l'effroi qui me poſſede,
J'ai voulu dans leur Temple en chercher le remede;
J'ai ſenti ſous mes pas le marbre s'ébranler,
J'ai crû voir devant moi les Autels reculer;
Et comme ſi le coup que leur courroux m'apprête,
Ne ſe contentoit pas de tomber ſur ma tête,
Par les mains de mon Pere, en nos jours ſolemnels;
Je ne vois point de ſang arroſer leurs Autels,
Que des ſignes affreux redoublant leurs menaces,

Ne m'annoncent pour lui le comble des disgraces.

C A M I L L E.

Madame, croyez-moi, l'aspect de l'Empereur
Dissipera bientôt cette injuste terreur ;
Et dans vos cœurs unis, de véritables charmes
Succederont sans peine à de fausses allarmes.
Voici Victorinus qui s'apprête à partir.

SCENE II.

VICTORINUS, JUSTINE, CAMILLE, LEPIDE, SUITE.

VICTORINUS *à sa* Suite.

Quand il en sera tems, qu'on vienne m'avertir.

SCENE III.

VICTORINUS, JUSTINE, CAMILLE, LEPIDE.

VICTORINUS.

MA Fille, vous sçavez la nouvelle victoire,
Qui porte Claudius au faîte de la gloire,
Et du champ de bataille, au sortir des hazards,

A iiij

Le conduit en triomphe au Trône des Céfars.

Il s'avance vers nous , on vient de me l'apprendre.

Mon devoir près de lui m'ordonne de me rendre.

Incertain de l'accueil que j'en puis recevoir ,

Je viens vous embraffer , avant que de le voir.

JUSTINE.

Seigneur , de ce difcours que faut-il que j'augure ?

Ceux qui voudroient ternir une vertu fi pure ,

Ont-ils ofé porter leurs complots odieux ?

VICTORINUS.

Quel que foit mon deftin , je m'abandonne aux
    Dieux.

Des Prêtres contre moi la haine fe déclare :

[illegible] qu'à m'accufer leur troupe fe prépare.

[illegible] de Licas préfente à leur fureur

[illegible] n de me perdre auprès de l'Empereur.

[illegible] peut d'un Chrétien empêcher la pourfuite ;

Sans attirer fur foi la peine qu'il évite.

Mais la crainte , toujours compagne des forfaits ,

N'entre point dans un cœur qui n'en commit jamais;

Et fans m'épouvanter de tout ce qu'ils méditent ,

Je laiffe les remords à ceux qui les méritent.

JUSTINE.

Non , du nouveau Céfar , dont je connois le cœur ,

Vous n'éprouverez point cet excès de rigueur.

Oserai-je à vos yeux exposer ma foiblesse ?

J'en reçus autrefois des marques de tendresse :

Et d'un Pere toujours respectant le pouvoir ,

La mienne , pour paroitre attendoit mon devóir.

Mais s'il est vrai, Seigneur, qu'en ce comble de gloire,

De mes foibles attraits il garde la mémoire ,

Pourroit-il condamner vos généreux secours,

Pour celui qui d'un monstre a défendu mes jours ?

Sa fuite qui l'arrache à d'injustes supplices ,

Est-elle un prix trop grand pour de si grands services ?

VICTORINUS.

A l'Hymen dont César voudroit vous honorer,

Le sang dont vous sortez vous permet d'aspirer ;

Mais contre les Chrétiens, sur l'amour la plus forte,

Je doute qu'en son cœur la haine ne l'emporte ;

Dans ses ressentiments encor plus furieux ,

Qu'il joint sa propre cause à la cause des Dieux ;

Et qu'en les accablant du poids de sa colere ,

Il croit venger sur eux les mânes de son Pere ;

Il croit que Cassius , par leurs mains égorgé ,

Par trop de flots de sang ne peut être vengé :

Et quand il punira ma pitié comme un crime ,

La Loi veut mon trépas , & le rend légitime.

Ainfi, pour obéïr à cette dure Loy,

S'il fe trouvoit forcé de vous priver de moi,

Et que pour adoucir l'aigreur de cette perte,

Il voulût que fa main vous fût encore offerte,

Gardez-vous d'écouter un injufte courroux.

Ne vous refufez-pas à cet illuftre Epoux.

Les pleurs que l'on répand pour le trépas d'un Pere

Sont bien-tôt effuyez par une main plus chere.

JUSTINE.

Non, Seigneur, quelques nœuds qu'ait pû former
    l'amour,

Ils feroient tous brifez fi vous perdiez le jour.

On ne verra jamais que la main de Juftine

Se donne lâchement à qui vous affaffine ;

Ni qu'afpirant au Trône après votre trépas,

Je vous aime affez peu pour ne vous fuivre pas.

J'efpere que les Dieux, diffipant cet orage,

Eloigneront de nous ce funefte préfage,

Ou qu'avant qu'il éclatte, on me verra périr ;

S'ils n'exaucent les vœux que je vais leur offrir.

SCENE IV.

VICTORINUS, LEPIDE.

VICTORINUS.

CE n'eft pas tout, Ami. De plus vives allarmes
Etonnent ma conftance, & font couler mes lar-
mes.
Je tremble que Licas, depuis trois ans cherché,
Ne puiffe à tant de bras être longtems caché ;
Ou fi fon cœur trop tendre avoit le moindre om-
brage
Que fa fuite fur moi fît tomber quelqu'orage ;
En quelque lieu qu'il foit, je puis bien t'affurer
Qu'à fes perfécuteurs il viendroit fe livrer.
Dieux ! confervez fes jours. Faites que de fon zele
Je ne reçoive pas cette preuve nouvelle ;
Et qu'à tant d'ennemis, armez pour fon trépas,
L'éclat de fes vertus ne le décele pas.

LEPIDE.

Se peut-il que le Ciel, malgré le fort barbare,
Ait mis dans un Efclave une vertu fi rare ?

CASSIUS ET VICTORINUS,

VICTORINUS.

Tout Esclave qu'il est, sans parens, sans appui,
Il est peu de mortels si généreux que lui.
Quand des Prêtres pour lui la haine déclarée,
Le força de quitter cette ingrate contrée,
» Je prévois, me dit-il, que ces bords malheureux
» Eprouveront bientôt des ravages affreux.
» Pour vous en garantir, d'une amitié sincere
» Je remets en vos mains la marque la plus chere.
» Les Martyrs que ce fer éleva dans les Cieux,
» Aux yeux de l'Eternel l'ont rendu précieux.
» Par ce dépôt sacré, certains de leur défense,
» Les lieux où vous vivrez seront en assurance ;
» Et j'espere qu'un jour éclairant votre cœur,
» Ils le dégageront du culte de l'erreur.
Tels furent ses Adieux. Quels terribles spectacles
Dans la Gaule bientôt suivirent ses oracles !
Que de remparts détruits, victimes des Germains !
Combien de flots de sang coulerent de leurs mains !
Ces murs furent les seuls qui parmi tant d'allarmes,
Ne ressentirent point la fureur de leurs armes.
A peine jusqu'à nous ils osoient s'avancer,
Que d'invisibles mains sembloient les repousser ;
Et tous leurs bataillons qui par la force ouverte

Croyoient déja tracer l'ordre de notre perte ;
S'enfuyoient loin de nous à pas précipitez ,
Tels que si par les vents ils étoient emportez.

LE'PIDE.

Hé ! pourquoi donc, Seigneur, nos Prêtres en furie
Osent ils attaquer une si belle vie ?
Et se faire un devoir de vous persécuter
Pour des soins généreux qu'ils devroient imiter ?

VICTORINUS.

Mes soins pour un Chrétien, digne de mon estime ,
Envers ses ennemis ne font pas tout mon crime ;
J'ai toujours combattu, sans les faire rougir ,
Les indignes motifs qui les faisoient agir ,
Leurs dehors fastueux , leurs secrets artifices,
Et leur avidité , source de tous leurs vices.

LE'PIDE.

On ne vit point ainsi dans la Loi des Chrétiens :
Les leurs, humbles , zélez, prodigues de leurs biens,
Marchent par des chemins inconnus pour les nôtres ;
Et lorsqu'avec les uns je compare les autres ,
Je ne m'étonne plus de voir tant de mortels ,
Pour courir après eux déserter nos Autels.

VICTORINUS.

Peut-être jusqu'aux Dieux , par ces effets sinistres ,

Fait-on paſſer l'horreur qu'on a pour leurs Miniſtres?
Et le peuple confond dans l'erreur de ſes ſens,
Les Prêtres criminels & les Dieux innocens.
Cependant ce grand bruit ſemble me faire entendre
Qu'au devant de Céſar il eſt tems de me rendre.
Allons voir ſi déja prévenu contre nous,
Ma pitié pous Licas m'attire ſon courroux;
Ou ſi ſur les tranſports d'une naiſſante flâme
Juſtine à trop d'eſpoir n'a point livré ſon ame.
Mais qu'il vienne animé de colere ou d'amour,
Pour couronner ma Fille, ou pour m'ôter le jour,
Sa haîne ou ſa faveur dans la même balance
N'auront pas le pouvoir d'ébranler ma conſtance;
Et tant que je vivrai, je ſçaurai d'un même œil,
Voir l'une ſans frayeur, & l'autre ſans orgueil.

Fin du premier Acte.

ACTE II.

SCENE PREMIERE.

CLAUDIUS, MAXIME, GARDES.

CLAUDIUS à un Garde.

Q U'on aille de ma part avertir le Grand
     Prêtre
Qu'en ces lieux, sans témoins, je veux le
     voir paroître.

Aux autres Gardes.

Et vous dans ce Palais de ma Garde suivis ;
Amenez ce Chrétien, que je vous ai remis.
Un mouvement secret, un pouvoir que j'ignore,
Me presse de le voir, de lui parler encore.
Qu'on ne manque pour lui ni de soins, ni d'égards ;
Et que rien en ces lieux ne blesse ses regards.

SCENE II.

CLAUDIUS, MAXIME.

MAXIME.

HE' quoi ! pour les Chrétiens votre cœur inflexi-
ble,
A la pitié pour eux s'est-il rendu sensible ?
Quel prodige étonnant a pû vous dispenser ?

CLAUDIUS.

Du désordre où je suis je ne sçai que penser.
Par tous ces mouvemens qui viennent me sur-
prendre,
Il semble que les Dieux veüillent me faire entendre
Que ce Vieillard, peut-être, à mes justes fureurs,
Du meurtre de mon Pere apprendra les auteurs.
Quoiqu'il en soit, Maxime, il faut qu'en sa presence
Je tâche d'éclaircir .... Mais Justine s'avance.
Et tous les autres soins qui pouvoient m'émouvoir,
Cédent en ce moment au plaisir de la voir.

SCENE III.

CLAUDIUS, JUSTINE, CAMILLE, MAXIME.

CLAUDIUS.

Dans mes autres combats j'ai cherché la victoire,
Pour l'interêt de Rome & celui de ma gloire;
Mais aujourd'hui, Madame, en signalant mes coups,
J'ai bien moins combattu pour elles, que pour vous,
De votre seul péril ma tendresse allarmée,
A cherché les Germains, a vaincu leur armée;
Sans devoir les succès dont mon cœur est flatté,
Qu'aux efforts que j'ai fait pour votre sureté.
A peine l'Ennemi, par une fuite prompte,
Ainsi que ma victoire, a confirmé sa honte;
A peine, en même tems, j'ai sçû de toutes parts
Que Rome m'appelloit au Trône des Césars,
Je viens, entr'elle & moi, vous prendre pour arbître,
Si je dois accépter, où refuser un titre,
Qui, tout brillant qu'il est, m'offriroit peu d'appas,
Si Justine avec moi ne le partageoit pas.

B

JUSTINE.

Seigneur, il m'eſt bien doux que dans votre mémoire
Tant d'amour dure encore où brille tant de gloire :
Mais je répondrois mal à cet excès d'honneur,
Si pour trop me livrer au penchant de mon cœur,
Je cachois à vos yeux, ſous de vains artifices,
Ce que de votre Regne exigent les prémices.
Par trente Uſurpateurs l'Empire déchiré,
L'Empéreur aux plaiſirs honteuſement livré,
Son pere dans les fers à la honte de Rome,
Pour rétablir ſon luſtre, ont beſoin d'un grand
     Homme,
Qui rende la vigueur à ce Corps expirant;
Et dont la main plus forte arrête ce torrent.
Ils ne pouvoient, Seigneur, en des tems ſi funeſtes,
Sous un chef plus illuſtre en raſſembler les reſtes;
Mais juſqu'à ce haut rang c'eſt peu de parvenir,
Il faut n'épargner rien pour vous y maintenir.
Rome dont le murmure eſt toujours trop à craindre,
Du choix de votre Epouſe auroit lieu de ſe plaindre,
Si lorſque tant d'objets élevez dans ſon ſein,
Pour prétendre à l'honneur de vous donner la main,
Joignent aux plus grands noms les beautez les plus
     rares,

Vous alliez la chercher chez des peuples barbares ;
Et que mon cœur, pour vous trop prompt à s'enflamer
Me tînt lieu des vertus qui doivent vous charmer.

CLAUDIUS.

Aussi dans l'univers ne voi-je que Justine
Digne de ce haut rang, que Rome me destine.
Pour vous le disputer, elle ne produit plus
Ni filles de Caton, ni femmes de Petus.
L'amour de la grandeur qui peut tout sur leurs ames,
N'y laisse point de place à d'innocentes flâmes.
Le soin de leur vertu, comme un vain ornement,
Au prix de leurs appas les touche foiblement.
Pour prétendre à César, pour en être écoutées,
Elles n'épargnent plus ni beautez empruntées,
Ni refus attirans, pour se faire chercher ;
Ni pleurs que l'art excite, & qu'il feint de cacher ;
Et parmi leurs sermens d'une flâme constante,
Leur bouche ne dit rien que leur cœur ne démente.
Vous seule rassemblez, à l'exemple des Dieux,
Tout ce qui peut charmer & les cœurs & les yeux,
Les solides Vertus, & les Graces naïves,
Ne respirent qu'en vous ; n'habitent que ces rives.
Ah ! lorsque j'aspirois à vos divins appas,
Sans pouvoir leur offrir que mon cœur & mon bras,

Vous n'avez regardé ni dans l'un ni dans l'autre,
Les inégalitez de mon fort & du vôtre.
Et quand par un bonheur où je n'ofois penfer,
Le Ciel me donne un Trône à vous pouvoir placer ;
Si pour tant de vertus, d'appas & de conftance,
Je manquois de juftice ou de reconnoiffance,
Ma funefte grandeur ne me défendroit pas
Des remords éternels qui fuivent les ingrats.

JUSTINE.

Seigneur, quoique mes vœux n'afpirent qu'à vous
    plaire ,
Je ne puis rien pour vous fans l'ordre de mon Pere ;
Mais fi j'en puis juger, il fçait trop fon devoir,
Pour refufer un bien qui paffe fon efpoir.
Je le laiffe avec vous ; & déja par avance
Mes vœux vont au devant de mon obeïffance.

SCENE IV.

CLAUDIUS, VICTORINUS, MAXIME, LEPIDE.

CLAUDIUS.

Seigneur, lorfque les Dieux, & le choix des Ro-
    mains,
Du Trône des Cefars m'ont ouvert les chemins,

Puïs-je efperer de vous qu'approuvant mon hom-
   mage ,
Vous voudrez qu'avec moi Juftine le partage ;
Et que vous accordiez aux vœux d'un Empereur
Ce qui peut l'élever au comble du bonheur.

VICTORINUS.

Seigneur , tant de bontez , de gloire & de puiffance ,
Ne laiffe point douter de ma reconnoiffance ,
Ni qu'il foit des Mortels honorez d'un tel choix ,
Qui puiffent réfifter à de fi douces loix.

CLAUDIUS.

C'eft donc à vous , Seigneur , pour l'Hymen que
   j'efpere ,
De remplir les devoirs de Grand-Prêtre & de Pere ,
Et de faire ceffer , en hâtant mon bonheur ,
Les troubles qu'un Chrétien excite dans mon cœur.

VICTORINUS.

Un Chrétien !

CLAUDIUS.

  Apprenez par le cours de ma vie
Combien je dois de haine à cette Secte impie.
A peine je voyois la lumiere des Cieux ,
Contre ces Ennemis de l'Empire & des Dieux ,
Aux mains de Caffius , auteur de ma naiffance ,

Les Dieux & l'Empereur remirent leur vengeance,
De leurs ordres sanglans fidele éxécuteur,
Mon Pere s'anima d'une sainte fureur :
Et contre nos Autels la Gaule soûlevée,
D'un sacrilége sang fut longtems abreuvée.
Enfin, de ce Héros, qui me donna le jour,
Dans Rome, après cinq ans, j'attendois le retour.
Mais.... ô félicité vainement attenduë !
De ses pas tout-à-coup la trace fut perduë ;
Sans que depuis quinze ans que j'ignore son sort,
J'aie encor pû sçavoir s'il est vivant, ou mort.
On crut que les Chrétiens, lassez de leurs miseres,
S'étoient vengez sur lui du meurtre de leurs freres ;
Et qu'en secret par eux dans un piége attiré,
Accablé par le nombre, il y fut massacré.
Quel devins-je à ces bruits, que je crûs véritables !
Je jurai par les Dieux la perte des coupables :
Et depuis mes sermens, depuis leur trahison,
J'ai tâché d'en éteindre & la secte & le nom.
Contre quelqué ennemi, jaloux de sa puissance ;
Que Rome ait à mon bras confié sa vengeance ;
Ces Ennemis secrets immolez les premiers,
Ont toûjours de leur sang arrosé mes lauriers.
Les Dieux, au zéle ardent que j'avois pour leur gloire,

Ont, fans doute, accordé ma derniére victoire.

Que dis je ? jufqu'au Trône ils ont porté mes vœux,

Pour prix de tant de fang que j'ai verfé pour eux.

Et je venois, Seigneur, plein d'amour & de joie,

Vous faire part des biens, que leur faveur m'envoie ;

O furprife ! O terreur ! Non loin de ces Remparts,

Qu'ai-je vû ? Quel fpectacle a frappé mes regards !

Dans un Antre profond, des Chrétiens téméraires

Célébroient en fecret leurs coupables myftéres ;

Et l'Encens, qu'à nos Dieux refufe leur erreur,

Sur un Autel profane y fumoit pour le leur.

Mes Soldats, par ce crime animez au carnage,

Les armes à la main, m'en ouvrent le paffage.

Là, tous ces infenfez, réfolus de mourir,

Au-devant de nos coups s'empreffent de courir.

Un Vieillard vénérable, au milieu de la foule,

Levant les mains au Ciel, tandis que le fang coule,

Semble attendre la mort, qu'il ne peut éviter,

Sans en craindre le coup, ni le précipiter.

Ma Troupe, tout-à-coup perdant fa violence,

Se range autour de lui dans un morne filence.

Moi-même, je l'avouë, à fon augufte afpect,

Je fus faifi de crainte, & rempli de refpect.

Je ceffai de parler. Tous mes fens fe troublérent.

B iiij

De ma tremblante main mes armes s'échaperent ;
Et comme si nos Dieux devoient hommage au sien ;
Je fus prêt de tomber aux pieds de ce Chrétien.

VICTORINUS.

Sçavez-vous son païs, son nom, ou sa naissance ?

CLAUDIUS.

Lorsque je l'ai pressé de rompre le silence,
Il s'est dit votre Esclave, il se nomme Licas.
C'est tout ce que j'en sçai.

VICTORINUS.

                    Ne vous offensez pas ;
Si le nom d'un Ami, dont le malheur me touche,
M'arrache les soûpirs qui sortent de ma bouche.
J'ignore, comme vous, quel païs est le sien.
Mais ôtez-lui l'erreur & le nom de Chrétien,
Jamais l'amour des Dieux pour l'humaine nature ;
Ne versa dans une ame une vertu si pure.
A peine, pour Esclave il fut reçû chez moi,
Qu'admirant la vertu par tout où je la voi,
Malgré l'état obscur où le Ciel le fit naître,
Je fus plus son ami que je ne fus son maître.
On reçoit tôt ou tard le prix de ses bienfaits.
Quand j'y pensois le moins, j'en sentis les effets.
Il sauva la Province, il sauva ma famille ;
Et sans Licas, Seigneur, je n'aurois plus de fille.

CLAUDIUS.

Dieux ! Que me dites vous?

VICTORINUS.

                Un monstre furieux

Répandoit l'épouvante & la mort en ces lieux :

On ne voyoit par tout que moissons embrasées,

Que de ruisseaux de sang les plaines arrosées.

On le fuyoit en vain, on ne l'évitoit pas,

Invisible ou présent il portoit le trépas ;

Et si contre sa rage on trouvoit des aziles,

Les airs qu'il infectoit les rendoient inutiles.

On consulta les Dieux. Péres infortunez,

Quels remedes cruels vous furent ordonnez !

Il fallut, tous les mois, qu'à sa fureur livrée,

Une Fille expirât pour toute la contrée.

Justine .... O souvenir qui me perce le cœur !

Du premier choix du sort éprouva la rigueur.

Malgré tous mes efforts pour défendre sa vie,

Dans mon sein expirant elle me fut ravie ;

Et les Dieux, dont en vain j'embrassois les Autels,

Furent sourds à mes cris, ainsi que les Mortels.

Licas seul fut touché du deüil de ma famille,

Il voulut au supplice accompagner ma Fille.

Intrépide & tranquille à l'aspect du Dragon,

Du Dieu qui le protége, il invoqua le Nom;
Et soudain, dans son sang cet ennemi terrible
Tomba, comme frappé d'une main invisible.

CLAUDIUS.

Qu'entens-je ? ô juste Ciel!

VICTORINUS.

Je crûs alors, Seigneur,
Devoir briser les fers de mon libérateur,
Et joindre avec éclat à cette récompense
Tout ce qui dépendoit de ma reconnoissance.
Mais nos Prêtres, jaloux que le Dieu d'un Chrétien
Ait fait voir sa puissance où les leurs n'ont pû rien,
Au pouvoir des Enfers imputant ses services,
Demandent qu'on le livre aux plus cruels supplices.
Pour conserver des jours si chers, si précieux,
Il fallut en secret l'éloigner de ces lieux.
Il partit. Son départ me fit verser des larmes.
Jugez combien ce jour réveille mes allarmes,
Et de quelle douleur je me sens pénétrer
Par le nouveau péril où je le vois rentrer.

CLAUDIUS.

Après ce qu'il a fait pour l'objet de ma flâme,
Je ne m'étonne plus s'il a touché mon ame.
Qui conserva des jours où j'attache les miens,

Doit être distingué du reste des Chrétiens.

Mais que sert ma pitié, s'il la rend inutile?

Malgré les Dieux & lui, puis-je être son azile?

Faut-il qu'envers ces Dieux, la nature, & l'Etat,

Je manque à mes sermens, pour n'être point ingrat?

Ou faut-il que ces Dieux, l'Etat, & la nature,

Me forcent d'être ingrat, pour n'être point parjure?

Licas fut votre esclave. Il vous sera remis.

Montrez-lui les périls où son erreur l'a mis.

Tâchez de l'éblouïr par tous les avantages,

Qui peuvent ébranler les plus fermes courages.

Dites-lui que César, charmé de ses vertus,

Veut l'aimer, l'honorer, autant que Cassius;

Que pour remplir chez moi la place de mon Pére,

Il n'a qu'à dire un mot, si ce nom peut lui plaire.

Mais si tous vos efforts ne peuvent rien sur lui,

Qu'il voye en vous son juge, au lieu de son appui.

Prononcez son Arrêt. Faites qu'on le punisse.

Epargnez moi l'horreur d'ordonner son supplice.

VICTORINUS.

Moi, son juge! Seigneur, je verrai ce Chrétien:

Pour le persuader, je n'épargnerai rien;

N'attendez rien de plus. Un Arrêt sanguinaire

Ne souïllera jamais mon sacré caractére.

Il n'eſt reſpect humain qui puiſſe l'obtenir.

Mon devoir eſt d'inſtruire , & non pas de punir.

Et ce n'eſt pas à nous , qui prions pour les crimes,

De verſer d'autre ſang que celui des victimes.

C L A U D I U S.

Tous ceux , qu'à nos Autels attache leur emploi ,

Ne ſe font pas , Seigneur , une pareille loi.

Ils ne ſe piquent point de la même indulgence

Pour qui bleſſe des Dieux la ſuprême Puiſſance.

Si leurs premiers avis n'arrêtent ce torrent,

Ils appliquent le fer où le mal eſt trop grand ;

Et d'une main cruelle , & d'un cœur pitoyable ;

En puniſſant le crime , ils plaignent le coupable.

Je ſuivrai leur exemple. Et puiſque votre cœur,

Du crime d'un Chrétien n'a point aſſez d'horreur,

Je le verrai ſans vous. Et me rendant le maître,

Des tendres mouvemens que j'ai trop fait paroître,

S'il n'adore nos Dieux , s'il reſiſte à nos Loix ,

J'oſerai plus que vous , pour ſoûtenir leurs droits.

SCENE V.

VICTORINUS, LEPIDE.

VICTORINUS.

NOn, ce n'est point à vous, Monarques de la
    terre,
D'usurper un pouvoir qui n'est dû qu'au Tonnerre.
Ceux que vous poursuivez avec tant de courroux,
Sont, par le Ciel, peut-être éclairez plus que vous.
Vous avez sur leurs jours une entiére puissance,
Mais leurs cœurs ne sont point de votre dépendance;
Et l'on oppose mieux à leurs égaremens,
La force des raisons que celle des tourmens.

LEPIDE.

Ah! si de ces transports vous n'êtes pas le maître,
Pour votre sûreté gardez-les de paroître.
De votre auguste rang les Prêtres sont jaloux ;
Voulez-vous leur donner des armes contre vous?
Et peut-être exposer la charmante Justine
A perdre les honneurs que César lui destine . . . ?
Quoi? pour un malheureux, dont vous ne connoissez?

VICTORINUS.

Je connois sa vertu, Lépide , & c'est assez.

Il ne m'importe pas d'en sçavoir davantage.

De sa tête autrefois je détournai l'orage ;

D'un semblable péril je veux le garantir.

Je vais tout préparer pour le faire partir.

Un ami vertueux m'est plus que ma famille ;

Ses jours me sont plus chers qu'un Trône pour ma
    Fille.

Mon cœur, par d'autres soins vainement combatu,

Ne craint point les périls, qui sauvent la vertu.

Fin du second Acte.

ACTE III.

SCENE PREMIERE.

CASSIUS, MAXIME.

MAXIME.

APPROCHEZ. C'est ici que César doit se rendre,
Et qu'il veut, sans témoins, vous voir &
vous entendre.
Par d'injustes refus gardez-vous de braver
Un Prince généreux, qui cherche à vous sauver.
Sensible à ses bontez, prévenez sa colere.
De ceux qui de leur crime ont reçû le salaire ;
N'allez point augmenter le nombre malheureux,
Et ne le forcez pas de vous punir comme eux,

CASSIUS.

Si mon crime est pareil, est-il de sa justice
De ne pas me punir par un pareil supplice ?

Qu'ai-je en moi plus qu'eux tous, digne de l'atten-
    drir,
Jusqu'à me refuser la gloire de mourir?

MAXIME.

La gloire de mourir pour une fausse idée,
Sur la saine raison ne fut jamais fondée,
Et l'on voit trop en vous des marques d'un grand cœur,
Pour ne le pas tirer d'une pareille erreur.
César, dans les périls où sa grandeur l'appelle,
Croit que les Immortels reconnoîtroient son zéle;
Si ses soins, sa faveur, qui vous préfére à tous,
Leur attiroient l'encens d'un homme tel que vous.

CASSIUS.

Un homme tel que moi, nourri dans l'esclavage,
Accablé sous le poids & des fers & de l'âge,
A-t'il pû mériter que César aujourd'hui,
Du haut de sa grandeur descende jusqu'à lui?
Mais dût-il avec moi partager sa puissance,
Il ne doit pas compter d'ébranler ma constance;
Ni que par un trafic, indigne d'un grand cœur,
Aux dépens de ma foi, j'achéte sa faveur.

MAXIME.

Hé! ne pouvez-vous pas, à l'abri de l'orage,
Au Dieu que vous servez, rendre un secret hommage?
                                  Croyez-

Croyez-vous, à la Cour être le seul Chrétien,
Qui pense comme vous, & n'en témoigne rien?

CASSIUS.

Qui se nomme Chrétien sans en porter la marque?
Et manque aux Loix d'un Dieu pour celles d'un
    Monarque,
Egalement coupable, & parjure envers eux;
Pense n'en trahir qu'un, & les trahit tous deux.

MAXIME.

Aussi tout bon sujet, qui fait gloire de l'être,
Doit n'avoir d'autres Dieux que les Dieux de son
    Maître.
Il est digne de mort, sitôt qu'il veut sortir
Des Loix où sa naissance a dû l'assujettir.
Dans la Religion, plus que dans tout le reste;
Jamais les changemens n'ont rien que de funeste;
Et l'on met en péril les Etats les plus grands,
Dès que l'on y permet deux cultes différents.
Les Romains, de la terre ont été les seuls Maîtres;
Tant qu'ils ont conservé la foi de leurs Ancêtres;
Et ce puissant Empire est presque renversé,
Depuis que parmi nous vos erreurs ont passé.
César est trop jaloux du soin de son Empire,
Pour rien mettre en oubli qui puisse les détruire,

Et pour ne pas ſçavoir que dans tous les Etats
Les ennemis des Dieux le ſont des Potentats.
C'eſt de quoi, mieux qu'un autre, il pourra vous in-
    ſtruire,
Songez à vous. Il vient.

SCENE II.

CLAUDIUS, CASSIUS, MAXIME, GARDES.

CLAUDIUS.

Que chacun ſe retire.

SCENE III.

CLAUDIUS, CASSIUS.

CASSIUS *à part.*

O Ciel ! A quels combats faut-il me préparer?

CLAUDIUS *à part.*

Grands Dieux ! En l'abordant je ſuis prêt à pleurer.

A Caſſius.

Vénérable Vieillard, je ne ſçaurois vous taire,

Qu'ennemi des Chrétiens qui m'ont ravi mon Pere ;

Je n'aurois jamais crû que par un d'entre vous

Je dusse voir un jour désarmer mon courroux.

Je vous crois cependant un cœur trop magnanime ;

Pour oser soupçonner qu'il ait part à ce crime.

Mais si le Ciel permet à mon ressentiment

De pouvoir en tirer quelque éclaircissement ;

Nul ne peut mieux que vous répondre à mon envie ;

Je juge par le cours de votre longue vie ,

Que vous n'ignorez pas les perfides auteurs

D'un crime , à qui mes yeux ont donné tant de

    pleurs.

Ah ! que votre rapport soulageroit mes peines ,

S'il pouvoit m'en donner des nouvelles certaines !

Si l'horreur, qu'aux forfaits doit un cœur généreux ,

Pouvoit assez sur vous pour vous détacher d'eux ;

Et que ce changement permît à mon estime

De s'exprimer pour vous sans remords & sans crime !

CASSIUS.

Il ne faut pas, Seigneur, que vos sens abusez

Imputent aux Chrétiens des crimes supposez.

S'ils osoient résister aux Puissances suprêmes ,

Ils croiroient s'opposer aux ordres de Dieu mêmes.

Dans leurs Persécuteurs ils bénissent la main ,

Qui , du féjour du Ciel leur ouvre le chemin ;

Et foumis aux toûrmens qui font leur récompenfe ;

Le pardon de leur mort eft toute leur vengeance.

Ainfi leurs fentimens ne vous font pas connus ,

Quand vous leur reprochez la mort de Caffius.

Pour les juftifier d'un crime imaginaire ,

Dieu vous fera revoir une Tête fi chére.

CLAUDIUS.

Ah ! fi mon Perç encor voit la clarté des Cieux ;

A-t'il pû fi long-tems fe cacher à mes yeux ?

Pour le rendre à fes Dieux , pour finir mes allarmes ;

Contre quels ennemis dois-je tourner mes armes ?

Fût-ce aux climats brûlans , ou fous les Cieux

glacez.....

CASSIUS.

Peut-être n'eft-il pas fi loin que vous penfez.

CLAUDIUS.

S'il eft fur quelque Bord dont Céfar foit le maître ;

Quel obftacle à mes yeux l'empêche de paroître ?

CASSIUS.

Vous le verrez , Seigneur ; vous apprendrez fon fort ;

Mais vous ne le verrez qu'en me donnant la mort.

Pour hâter votre joye , ordonnez que j'expire.

C'eft tout ce que le Ciel me permet de vous dire.

CLAUDIUS.

Sa vûë est-elle un bien que je puisse chérir,
Si je ne puis le voir qu'en vous faisant périr ?
Car enfin entre vous mon ame combattuë,
Est pour l'un & pour l'autre également émûë.
Si c'est de l'un des deux que j'ai reçû le jour,
L'autre m'a conservé l'objet de mon amour :
Et je sens que les droits de la reconnoissance
Ne sont pas moins sacrez que ceux de la naissance.
Mon Pere, (car un nom moins touchant & moins
    doux .
Ne sçauroit exprimer ce que je sens pour vous,)
En offrant à nos Dieux quelques legers hommages,
Combien un peu d'encens détourneroit d'orages !
Dans l'état chancelant où je suis aujourd'hui,
Je ne puis d'un Chrétien me déclarer l'appui,
Sans attirer sur moi des maux dont je soûpire,
Si le mépris des Loix commence mon Empire.
Voulez-vous me réduire aux deux extrémitez,
Ou de voir contre moi les Romains révoltez,
Ou de faire expirer avec ignominie
Celui sans qui Justine auroit perdu la vie ?

CASSIUS.

Ce secours imprévû, qu'elle n'attendoit pas,

Vint d'un pouvoir plus grand que celui de Licas.
J'invoquai le Seigneur, il diffipa l'orage;
Je n'eûs point d'autre part à ce fameux ouvrage.

Et ce peu ne vaut pas que pour me fecourir,
Un fi grand Empereur s'expofât à périr.
Je ne fçaurois vous voir dans un péril extrême;
Sans m'allarmer pour vous bien plus que pour moi
    même.
Car enfin, fi mon fort vous coûte des combats,
En tendres fentimens je ne vous céde pas :
Et peut-être mon cœur fçait-il mieux que le vôtre,
D'où leur vient le penchant qu'ils ont pris l'un pour
    l'autre.
Mais où la Grace agit, nous devons furmonter
Tout ce qui la repouffe, & veut lui réfifter.

Après qu'au repentir de mes erreurs funeftes,
De mes jours pénitens j'ai confacré les reftes,
Prêt d'arriver au Port, fi long-tems fouhaité,
Par les attraits du monde en dois je être écarté?
Et ménager pour eux un refte de lumiére,
Quand je touche la Palme au bout de la carriére?
Non, Seigneur, vos efforts deviendroient impuiffans.
Dieu m'éleve au-deffus de la chair & des fens;
Et la mort que je cherche, & que je vous demande,

Sera de vos bontez la marque la plus grande.

CLAUDIUS.

Pour vous récompenser, n'ai-je donc que la mort?

CASSIUS.

C'est l'unique chemin qui peut mener au Port.

CLAUDIUS.

'Aux Loix d'un Empereur vous montrer si rebelle?

CASSIUS.

'A mon Dieu, plus qu'à lui, je dois être fidelle.

CLAUDIUS.

Va, cruel, va mourir, pour lui prouver ta foi!
Je veux être à mon tour aussi cruel que toi,
Et voir si du chemin, qui méne à tes délices,
Tu pourras jusqu'au bout surmonter les supplices.
Je ne puis t'y livrer sans mourir de douleur :
Mais, ingrat, tu le veux, j'y consens.

SCENE IV.

CLAUDIUS, CASSIUS, VICTORINUS.

CLAUDIUS, à *Victorinus*.

AH ! Seigneur ;
Voyez mon impuissance à fléchir un Esclave.
Plus je fais tout pour lui, plus je voi qu'il me brave.
Et je ne comprens point par quel enchantement
Césâr s'est pû soumettre à cet abbaissement.
Mais puisqu'il ne peut rien sur cette Ame farouche ;
C'est à vous maintenant , si sa perte vous touche,
D'employer vos raisons pour dessiller ses yeux ,
Ou de vous préparer à d'éternels adieux.

SCENE V.
CASSIUS, VICTORINUS.

VICTORINUS.

N'Attendez pas , Ami , que ce cœur qui soupire ,
Aux Loix de l'Empereur vous presse de souf-
crire.
Je sçais que quelques biens qui vous soient proposez,
Tout ce que la fortune aux Mortels abusez ,
Peut donner d'une main , & retirer de l'autre ,
Est au-dessous d'un cœur aussi grand que le vôtre.
N'attendez pas aussi qu'un Ami tel que moi ,
Veüille par des raisons combattre votre foi.
Je n'ai jamais si loin porté mon ministére.
Je plains tout malheureux : toute vertu m'est chére,
Et mon cœur n'est point fait pour haïr un Chrétien ,
A cause que son culte est différent du mien.
Il est d'autres moyens d'assurer vôtre vie.
Je puis de ce Palais vous ouvrir la sortie.
J'ai ménagé pour vous un séjour écarté ,
Où vos jours , loin de moi , seront en sûreté.
Conduit par un des miens , dont la foi m'est connuë,

Evitez l'Empereur ; cachez-vous à sa vuë.
Pressé par les Romains de quitter ces climats ;
Bientôt vers l'Italie il tournera ses pas ;
Et j'espére qu'alors sans trouble & sans allarmes ;
De votre heureux retour je goûterai les charmes.

C A S S I U S.

Il n'est plus tems de fuir. Plus fort que mon devoir ;
Sur Licas, autrefois vous eûtes ce pouvoir.
Plus touché de vos pleurs que du soin de ma gloire ;
Je quittai lâchement le prix de la Victoire,
Que mon Dieu dans le Ciel m'avoit fait préparer.
J'ai reconnu ma faute, & veux la réparer.
Pourrai-je cependant vous faire une priére ?

V I C T O R I N U S.

Parlez, Ami. Pour vous, je suis prêt à tout faire.

C A S S I U S.

Prêt à perdre le jour, j'ai crû devoir, Seigneur ;
Vous charger d'un secret auprès de l'Empereur.
En de plus sûres mains je ne puis le remettre.
Mais de votre amitié j'ose ici me promettre
Que Claudius de vous ne pourra le sçavoir ;
Qu'après le coup mortel que je vais recevoir.

V I C T O R I N U S.

Ami, quelques secrets que vous veüillez m'aprendre,

Sans crainte, dans mon sein vous pouvez le répandre.
Me puniffent du Ciel les foudres méritez,
Si vos ordres par moi ne font éxécutez !
Garands de l'amitié qui nous joint l'un à l'autre ,
J'en jure par mes Dieux , & même par le vôtre,

CASSIUS.

C'eft affez. Il eft tems qu'en vous ouvrant mon
    cœur ,
Je vous faffe changer votre eftime en horreur.
Sçachez quel eft l'objet d'une amitié fi rare.
Vous ne voyez en moi qu'un Tigre , qu'un Barbare ,
Qui traînant fes remords & fon crime après lui,
Au lieu de vos bontez , au lieu de votre appui ,
Méritoit que Vangeur des crimes de la Terre,
Le Ciel l'eût écrafé par un coup de tonnerre.

VICTORINUS.

Qui ? Vous ?

CASSIUS.

    Ce Caffius , que de fang altéré ,
Par le bras des Chrétiens on a crû maffacré ,
N'a point reçû ce prix de fa fureur extrême.
Il eft vivant.

VICTORINUS.

    O Ciel ! Caffius !

CASSIUS.

C'eſt moi-même.

VICTORINUS.

Ah ! ſouffrez qu'à vos pieds ſaiſi d'étonnement,
J'implore le pardon de mon aveuglement,
Si ne connoiſſant pas votre illuſtre naiſſance......

CASSIUS.

Ah ! de ces vains reſpects mon amitié s'offenſe.
Ils vous expoſeroient, ſi nous étions ſurpris,
A trahir le ſecret que vous m'avez promis.

VICTORINUS.

Hé ! par quel changement, à vous-même contraire,
D'ennemi des Chrétiens, devenez-vous leur Frére,

CASSIUS.

Celui qui tient nos cœurs dans ſes puiſſantes mains,
Renverſe, quand il veut, les projets des Humains :
Il calme des Lions la fureur indomptée,
Et ſçait donner un frein à la mer irritée.
Je pourſuivois, Seigneur, de ma haine occupé,
Un reſte de Chrétiens, qui m'étoit échappé ;
Et mon courſier, preſſé par mon impatience,
Me ſéparoit des miens d'une longue diſtance :
Un orage terrible excité dans les airs,
Sembla dans ce moment ébranler l'Univers ;

Et parmi les éclairs & les coups de tonnerre,

Une invifible main me renverfa par terre.

Pénétré d'un effroi jufqu'alors inconnu,

A mon terme fatal je me crûs parvenu,

Lorfque du haut des Cieux une voix formidable,

» Leve-toi, me dit-elle, ô monftre impitoyable;

» Les Martyrs, dont ta rage a rempli ce féjour,

» Ont defarmé mon bras, & t'ont fauvé le jour.

» Fui, barbare, & rends grace à ces faintes Victimes

» A qui tu dois le tems de réparer tes crimes.

VICTORINUS.

Ciel!

CASSIUS.

Quel devins-je alors! repentant, affligé;

Je ne fus plus le même, & mon cœur fut changé.

Tout ce qui le charmoit lui parut méprifable.

Tout ce qu'il méprifoit lui parut vénérable.

Je déteftai les Dieux que j'avois adorez.

Je chéris les Chrétiens que j'avois maffacrez.

C'eft peu de m'éxiler du Palais de mes Péres,

D'abandonner mon Fils à des mains étrangeres,

Je voulus arrêter par un frein rigoureux

Les retours trop fréquens qui m'entraînoient vers eux.

Jufqu'à mon dernier jour, d'un éternel filence

Je fis vœu de couvrir mon nom & ma naiſſance.
Voici ce dernier jour. Je ne prévoyois pas
Qu'il dût livrer mon cœur à de ſi durs combats
Hélas ! combien de fois mon ame s'eſt émuë,
Dans le tems que mon Fils s'eſt offert à ma vûë?
Si Dieu dans ces momens ne m'avoit aſſiſté,
Cent fois entre ſes bras je me ſerois jetté.
Sous mon déguiſement, à travers ma miſére;
Peu s'en faut que Céſar n'ait reconnu ſon Pére.

VICTORINUS.

Eſt-il de vœu, Seigneur, vous me glacez d'effroi?
Qui dût vous impoſer une ſi dure loi?
Et le Dieu des Chrétiens prend-il pour une injure
Les tendres mouvemens qu'inſpire la nature?
Pardonnez-moi, Seigneur, ſi ma ſincérité
Oſe vous accuſer de trop de cruauté.
Vous retrouvez un Fils après vingt ans d'abſence;
Un Fils laiſſé par vous dans ſa plus tendre enfance;
Que du nom de Céſar vous voyez revétu,
Sans devoir ſa grandeur qu'à ſa ſeule vertu:
Et loin de partager ſa gloire & ſa tendreſſe,
Loin de baigner ſon front de larmes d'allégreſſe;
Vous voulez le forcer à vous percer le flanc,
Pour y faire tarir la ſource de ſon ſang.

Ah ! quelques cruautez qu'en des malheurs extrêmes,
A quelqu'un de nos Dieux nous reprochions nous-
   mêmes,
Le vôtre est, je l'avouë, encor plus rigoureux ;
S'il permet d'accomplir de si barbares vœux.
Et par l'ordre d'un Fils s'il faut qu'un Pére expire ;
C'est acheter bien cher la palme du martire.

CASSIUS.

Les Prêtres de vos Dieux, avides de mon sang ;
N'ont pas besoin de lui pour me percer le flanc.
Et quand pour son malheur instruit de ma naissance ;
Il voudroit de son Pére embrasser la deffense,
Avec tant de fureur on poursuit les Chrétiens ;
Que sans sauver mes jours, j'exposerois les siens.
Aux combats que j'essuye, il ne manque autre chose
Qu'ë de le voir périr, & d'en être la cause.
Je serois dès long-tems à l'abri de ces coups ;
Si de votre salut j'eusse été moins jaloux.
Mais je ne pûs souffrir que cette ame si belle ;
Avec tant de vertus méconnût son modelle ;
Ni qu'elle préférât au Dieu de vérité,
Cette foule de Dieux qui n'ont jamais été.
Pour vous conduire au port je restai dans l'orage ;
Pour m'approcher de vous j'acceptai l'esclavage.

Heureux, fi je pouvois, avant que de mourir,
Vous tirer de l'abîme où je vous voi courir !
Sur un Ami fi cher, dont le fort m'épouvante,
Attirer par mes vœux la grace triomphante
De l'immortelle Main qui forma l'univers,
Sous qui tremble le Ciel, la Terre, les Enfers;
Et qui difpenfe, au poids des vertus ou des vices,
L'éternité des biens, ou celle des fupplices !

VICTORINUS.

Ah ! fi je vous fuis cher, autant que je le crois,
Donnez-moi les moyens de pratiquer fes Loix.
Pour aller jufqu'à lui, fi vous ceffez de vivre,
Qui pourra m'enfeigner la route qu'il faut fuivre ?
Vivez pour m'y conduire, & pour m'ouvrir les yeux

CASSIUS.

L'exemple de ma mort vous les ouvrira mieux,
Je vais l'attendre. Adieu. Par d'inutiles larmes
De ma félicité ne troublez point les charmes.
Au féjour de la gloire où j'ai lieu d'afpirer,
Vous devez me rejoindre, & non pas me pleurer

SCENE

SCENE V.

VICTORINUS *seul*.

OU suis-je ? quel rayon de lumiere inconnuë
Rompt les voiles épais qui m'en ôtoient la
    vûë !
Et produit dans mon cœur des effets plus puissans,
Que ceux que la raison fait agir sur les sens !
    Ami, dont le courage étonne ma constance ;
Quand tu cours à la mort avec tant d'assurance,
Je ne sçai si je dois te plaindre ou t'admirer.
Mais je vois qu'un vrai Dieu te peut seul inspirer ;
Et qu'il faut qu'en effet tous les Trônes du monde
Ne vaillent pas la gloire où ton espoir se fonde.
Célestes véritez, qu'à peine j'entrevoi,
Achevez votre ouvrage, & venez jusqu'à moi.
Montrez-moi de plus près votre vive lumiére.

SCENE VI.

VICTORINUS, LEPIDE.

LEPIDE.

SEigneur, votre préfence au Temple eſt néceſſaire,
Par vos commandemens j'allois y préparer
La Pompe de l'Hymen, qu'on y doit célébrer ;
Mais les Prêtres , ſuivis d'une inſolente eſcorte ,
Contre Céſar lui-même en défendront la porte,
Et ne ſouffriront point ces apprêts ſolemnels ,
Que le ſang de Licas n'arroſe leurs Autels.

VICTORINUS.

Courons nous oppoſer à cette violence.

Dieu , voici le tems propre à montrer ta puiſſance!

ACTE IV.

SCENE PREMIERE.

JUSTINE, CAMILLE.

CAMILLE.

DE quel injuste effroi vous laissant pénétrer,
Echâppez-vous aux mains qui veulent
vous parer ?
Quand du pied de l'Autel la fortune propice
S'aprête à vous conduire au rang d'Imperatrice,
Devez-vous négliger sur la foi d'un soupçon,
Ce qui peut relever l'éclat de ce grand nom ?
Venez, rentrez, Madame ; & d'un cœur plus tran-
quille.....

JUSTINE.

Dois-je m'embarasser d'une pompe inutile,
Quand je touche peut-être aux douloureux momens

Où le deüil convient mieux que ces vains ornemens,
Où peut-être le sort épuisant sa colere,
S'apprête à me priver d'un amant, & d'un Pére?

CAMILLE.

Vos sens, à la frayeur sont trop abandonnez;
Pour des malheurs, qu'à tort vous vous imaginez.
Si de quelques Mutins une troupe rebelle,
Que la Religion animoit d'un faux zéle,
Ont poussé trop avant leurs transports indiscrets;
Et de votre bonheur retardé les apprêts;
Cet orage naissant va bien-tôt disparoître
A l'aspect de César,& même du Grand-Prêtre.
De leur Garde suivis, pour finir ces débats,
Ensemble vers le Temple ils ont tourné leurs pas:
Et vous verrez bien-tôt qu'après quelques allarmes,
Les biens que l'on nous rend, n'en ont que plus de
charmes.

JUSTINE.

Ah! que tu connois mal à quel excès d'horreur
Peut d'un zéle insensé se porter la fureur!
Le Peuple prévenu ne connoît plus ses maîtres,
Quand il est animé par la voix de ses Prêtres.
Son respect les confond avec les immortels;
Et quand ils ont parlé du pied de leurs Autels,

Ils veulent sur le champ, ennemis des obstacles,
Que tout, jusqu'aux Rois même, adore leurs oracles.
Ils ne cesseront point ce qu'ils ont commencé,
Que de Licas, par eux, le sang ne soit versé.

Et je connois mon Pére, il cessera de vivre,
Avant qu'à leur fureur il souffre qu'on le livre.
L'image des malheurs que j'avois préssentis,
Revient plus que jamais effrayer mes esprits.
Hé! quels biens, quels honneurs capables de me plaire,
Pourroient me consoler de la mort de mon Pére ?
D'un Pere, qui toujours prévenant mes desirs,
A fait, de mon bonheur ses uniques plaisirs,
Et n'eut jamais pour moi ces momens de rudesse,
Que souvent dans un Pere exige la tendresse ?
Hélas ! je me souviens de ce jour plein d'horreur,
Où je devois, du monstre éprouver la fureur,
Lorsque je vis la mort sur son visage peinte,
Et de ses yeux mourans la clarté presque éteinte.
Ces lugubres objets me firent plus trembler,
Que l'approche du coup qui m'alloit accabler.
Conservez-moi, grands Dieux, une tête si chere :
Et quelqu'autre malheur que vous puissiez me faire,
Justine obeïssante en recevra les coups,
Sans vous moins obéïr, ni se plaindre de vous.

D iij

CAMILLE.

Voici, n'en doutez point, la fin de vos allarmes;
Lepide que je vois.......

JUSTINE.

Que m'annoncent ses larmes ?

SCENE II.

JUSTINE, CAMILLE, LEPIDE.

JUSTINE.

Lepide, à quels malheurs faut-il me préparer ?
Que veut dire ?.....

LEPIDE.

Je tremble à vous le déclarer.

JUSTINE.

Ah! je ne voi que trop ce qu'on craint de me dire.
Mon Pere ne vit plus.

LEPIDE.

Votre Pere respire.

Mais par votre vertu songez à résister
Au coup le plus affreux qu'on puisse vous porter.
A peine l'Empereur, & sa Garde ordinaire,

S'avançoient vers le Temple où marchoit votre Pere,

Qu'au devant de leurs pas un Prêtre audacieux,

„ Céfar, dit-il, arrête, & refpecte les Dieux ;

„ Ceſſe de profaner leur demeure facrée ;

„ Ils ne permettent pas qu'on t'en laiſſe l'entrée ;

„ Tant que leur ennemi marchera fur tes pas.

„ Ils demandent fa tête, ou celle de Licas.

„ Obéï fans murmure à cet ordre fuprême ;

„ Où rebelle comme eux, tu périras de même.

A ces mots ; mille cris élevez jufqu'aux Cieux,

Paroiſſent applaudir aux menaces des Dieux.

De leur zéle indifcret le concert téméraire

Semble étonner Céfar, & non pas votre Pere.

D'un faux ordre des Dieux, jufques fur leurs Autels,

Il veut aller punir les Auteurs criminels ;

Et le fer, dont Licas arma fa main facrée,

Les menaçoit déja d'une mort aſſurée,

Lorſqu'un Gros de Romains arrivez fur le champ,

Le faifit, le defarme, & le conduit au camp :

Et l'Empereur, frappé comme d'un coup de foudre

Céde au torrent lui-même, & ne fçait que réfoudre.

J U S T I N E.

Dieux ! qu'entens-je ? Ah ! courons implorer fon ap-
　　pui.

D iiij

Mais après les périls que j'attire sur lui,

Peut-être qu'un Amant que je croyois si tendre,

N'est plus qu'un ennemi, qui ne veut plus m'entendre.

LEPIDE.

Quelques Chefs sont allez par ses commandemens

Observer des Mutins les divers mouvemens;

Et bientôt près-de vous il se rendra lui-même,

Pour chercher du remede à ce malheur extrême.

Vous devez espérer que le Camp adouci

Vous rendra par ses soins. . . . .

CAMILLE.

Madame, le voici.

SCENE III.

CLAUDIUS, JUSTINE, MAXIME, CAMILLE, LEPIDE, GARDES.

JUSTINE.

AH! Seigneur, quel revers que je n'eusse osé
croire,

Vient de me renverser du faîte de la gloire,

Pour me faire paſſer par les plus grands malheurs,
Du comble des plaiſirs à celui des douleurs ?
Mais ſi pour moi, Seigneur, vos bontez empreſſées
Par cet événement ne ſont point effacées ;
Si je puis, de mes pleurs arroſant vos genoux,
Eſpérer pour mon pere un traitement plus doux,
Pourriez-vous conſentir que malgré votre eſtime
Il fût, de vos ſoldats l'innocente victime ?
Qu'un même jour, rempli d'allegreſſe & de deüil,
Portât la fille au Trône, & le Pere au cercüeil ;
Et ſouffrir que mon ſort, en s'uniſſant au vôtre,
M'honorât d'un côté, pour m'immoler de l'autre ?

CLAUDIUS.

Tous grands que ſont vos maux, les Dieux me ſont
    témoins
Que ce coup foudroyant ne m'accable pas moins.
Indigné de l'affront que l'on vient de me faire,
Mes ordres, dans le camp ont ſuivi votre Pere :
Mais des mains des ſoldats s'il le faut arracher,
Contr'eux, avec ma Garde ils me verront marcher ;
Et je perdrai, Madame, & l'Empire & la vie,
Plûtôt que de ſouffrir qu'elle lui ſoit ravie.

JUSTINE.

Ah ! Seigneur, vainement je voudrois le celer,

Quand vous me raſſurez, vous me faites trembler;
Et l'effroi qui m'agite, & les maux que-j'endure,
Ne regardent pas moins l'amour que la nature.
Mais entre deux périls, je vois en frémiſſant
Que les premiers ſecours ſont dûs au plus preſſant;
Que ſi mon Pere meurt, je ſuis ſa deſtinée;
Et qu'il n'eſt plus pour noûs d'amour, ni d'hyménée.
Adieu.

SCENE IV.

CLAUDIUS, MAXIME, LEPIDE, GARDES.

CLAUDIUS.

Sui-moi, Maxime. Il faut la contenter.
A la porte du Camp allons nous preſenter.
Voyons ſi les Mutins ſoutiendront ma préſence.

MAXIME.

Hé! quel ſeroit le fruit de cette violence ?
Que peut un Empereur ? entendra-t'on ſa voix,
Où l'on croit que les Dieux ont donné d'autres Lóix?
Contre cette croyance agir à force ouverte,
De votre ami, Seigneur, c'eſt avancer la perte:

Et sans vous exposer aux armes des Mutins,
Vous pouvez lui donner des secours plus certains.
Je sçai le sentiment qui regne dans l'Armée;
Contre le seul Licas sa haine est allumée.
L'on plaint Victorinus d'être trop généreux;
De votre Hymen, en lui, l'on respecte les nœuds.
Mais si Licas, l'objet de toute leur colére,
N'abandonne sa Secte, ou le jour qui l'éclaire,
Comme ami d'un Chrétien sujet aux châtimens,
L'autre essuira pour lui les mêmes traitemens;
Et le Camp résolu que l'un ou l'autre meure,
Pour vous déterminer, ne vous donne qu'une heure.

CLAUDIUS.

Que me sert donc le rang que Rome m'a donné,
Si mon foible pouvoir se trouve ainsi borné;
S'il faut que ma pitié cedant à ses maximes,
Tous ceux que je chéris, deviennent ses victimes?

MAXIME.

Ah! Seigneur, je frémis de honte & de courroux,
D'entendre des discours, si peu dignes de vous.
Quoi? de Victorinus les vertus, la naissance,
Vos nœuds presque formez, sont-ils mis en balance
Avec un Criminel, digne des châtimens,
Qu'ordonnent contre lui nos Loix & vos sermens?

Je vous l'ai déja dit, qu'à le perdre animée,
Les interêts des Dieux peuvent tant sur l'Armée,
Que si vous tardez trop à le faire punir,
Je ne vous répons pas. . . . .

CLAUDIUS.

Qu'on le fasse venir.

SCENE V.

CLAUDIUS, GARDES.

CLAUDIUS.

O Justine ! O Beauté, vainement adorée !
Se peut-il que du monstre à qui tu fus livrée,
Ton parricide Amant surpassant la fureur,
Assassine ton Pere ou ton Libérateur ?
Et qu'il doive immoler ceux dont tu tiens la vie,
A ces Dieux qui souffroient qu'elle te fût ravie ?

SCENE VI.

CLAUDIUS, CASSIUS,
MAXIME, GARDES.

CLAUDIUS.

J'Espérois que sur vous le tems & mes bienfaits,
  D'un heureux changement produiroient les effets;
Et contre les rigueurs que vous deviez attendre,
Je m'obstinois toujours à vouloir vous défendre :
Mais ces ménagemens ne me sont plus permis.
Votre endurcissement vous fait trop d'ennemis.
Des Prêtres, contre vous la haine envenimée,
Du Peuple qu'elle anime, a passé dans l'Armée ;
Et mes soldats unis à leur ressentiment,
Demandent votre mort ou votre changement.
Pour peu que je différe à punir votre crime,
Vous avez un Ami qui sera leur victime.
Ils l'ont conduit au camp où je ne puis plus rien.
Regardez votre état ; envisagez le mien.
Si Victorinus meurt, sa Fille veut le suivre.
Si Justine périt, je cesserai de vivre.
C'est de ses seuls appas que mes yeux sont charmés ;
Et les siens en ce jour ne seront pas fermés,

Que tout mon sang versé par ma propre furie,
N'arrose le Tombeau de cette ombre chérie.

C A S S I U S.

Malgré ma fermeté, je ne puis le celer,
Par ce récit affreux vous m'auriez fait trembler;
Si vous ne m'appreniez pour me rendre tranquille,
Combien de tant de maux le remede est facile.
Et puisque c'est au prix de mon sang répandu
Qu'un Ami vertueux vous doit être rendu,
Empêchez par ma mort celle qu'on lui prépare.
Vous le devez, Seigneur.

C L A U D I U S.

              Eh! le puis-je barbare?
Puis-je tranquillement prononcer ton trépas?
Puis-je voir ton erreur, & ne te plaindre pas?
Crois-tu que ton Ami quelques biens qu'il obtienne,
Aime à sauver sa vie aux dépens de la tienne?
Que Justine s'empresse à monter dans un rang,
Que Ton Libérateur aura teint de son sang?
Et que tant de regrets, de desespoir, de larmes,
De l'Hymen de César ne troublent pas les charmes?
Ah! quel cœur assez dur pour ne point s'attendrir,
Refuseroit son aide aux maux qu'il peut guérir!
Je ne sçai qu'un Chrétien, ou qu'un Tygre en furie

Capable d'en venir à cette barbarie.

CASSIUS.

Hélas !

CLAUDIUS.

Quoi ! serois-tu sensible à mes douleurs ?
Je t'entens soupirer ; je vois couler tes pleurs.
Achéve : & desarmant la fureur des rebelles. … …

SCENE VII.

CLAUDIUS, CASSIUS, RUTILE, MAXIME, GARDES.

RUTILE.

JE viens vous annoncer de terribles nouvelles,
Seigneur. De Cassius, le sort est éclairci.

CASSIUS.

à part.

Qu'entens-je ?

CLAUDIUS.

Quelle preuve en a-t'on ?

RUTILE.

La voici.

Lui montrant l'Epée.

Tout le camp a frémi d'horreur & de colére,
A l'aspect de ce Fer, dont s'armoit votre Pere.

CLAUDIUS.

O Pere infortuné, dont j'ignorois le sort,
Il ne m'est plus permis de douter de ta mort;
Et ce signe évident du malheur qui l'opprime,
Décéle l'ennemi dont tu fus la victime!
Parlez, parlez, Rutile, délivrez à mes coups
La main, par qui ce gage est tenu jusqu'à nous.
Pour adoucir mes maux, faites-la moi connoître.

RUTILE.

Vous en allez frémir : c'est celle du Grand-Prêtre!

CLAUDIUS.

Victorinus!

RUTILE.

          Surpris de ce crime odieux,
Chacun a démenti le rapport de ses yeux.
Son rang & sa vertu du Sénat estimée,
Ont suspendu long-tems les soupçons de l'Armée
Mais pressé de nommer celui qui dans sa main
Remit de son forfait cet indice certain,
Son silence obstiné suffit pour le confondre.
Il n'a rien répondu.

                              CASSIUS

C A S S I U S.

   C'eſt à moi de répondre.
Son amitié pour moi cherchant à vous tromper,
L'expoſe à des ſoupçons que je dois diſſiper.
Oüi, Seigneur, c'eſt à moi de prendre ſa défenſe,
Et de faire admirer, juſques dans ſon ſilence,
La vertu d'un mortel, dont les ſeuls attentats
Sont de ſervir des Dieux qui ne le valent pas.

C L A U D I U S.

Ah ! ſans doute, ce meurtre inſpiré par la rage,
D'un homme tel que lui, ne fut jamais l'ouvrage;
Son ſilence imprudent, dans les cœurs irritez
A produit des ſoupçons qu'ils ont trop écoutez.
Mais l'orage eſt fini. L'Armée eſt détrompée,
Si tu peux nous prouver d'où lui vient cette épée.

C A S S I U S.

Je puis vous éclaircir de ce qu'il vous a tû :
Il la tenoit de moi.

C L A U D I U S.

   De qui la tenois tu ?
Parle.

C A S S I U S.

De mon Ami l'innocence & la vie
N'ont plus à redouter les fureurs de l'envie.

      E

Content d'avoir rempli ces devoirs absolus,
Le reste du secret ne le regarde plus.
Et sur ce qui me touche, il n'est point de puissance
Qui puisse me forcer à rompre le silence.

CLAUDIUS.

Traître, de mes bontez c'est donc-là tout le fruit?
O. pitié sacrilége, où m'avez-vous conduit?
Mais de tes attentats achéve de m'instruire.
N'attens pas.....

CASSIUS,

    Prononcez. Je n'ai plus rien à dire.

CLAUDIUS.

Monstre, que dans nos bras les Enfers ont vomi,
Que je ne puis punir, ni plaindre qu'à demi;
Sans m'ôter ma pitié, par quelle barbarie
Faut-il que ton forfait excite ma furie?
Et que ton châtiment, dont je sens la moitié,
Sans m'ôter ma furie, excite ma pitié?
Par quel mélange affreux que je ne puis comprendre,
Puis-je avec tant de haine avoir un cœur si tendre?
J'ai le sang de mon Pere & les Dieux à vanger,
A ce prix seulement, j'écarte le danger
Qui menace ma vie, & Justine, & son Pere;
Et prêt à prononcer un Arrêt nécessaire,

Je pleure le coupable; & je sens qu'aujourd'hui,
Du coup qui le perdra, je mourrai plus que lui.
Mais la Nature, en moi, doit être la plus forte.
La pitié doit céder où le devoir l'emporte.
Qu'on le méne à la mort.

aux Gardes.

CASSIUS.

Que cet ordre m'est doux!

J'ai craint votre pitié plus que votre courroux.
Mais quand j'aurai quitté ma dépoüille mortelle,
Pour voler dans la gloire où le Seigneur m'appelle;
Voyez Victorinus. Il doit vous revéler
Ce qu'un vœu solemnel me contraint de céler.
Vous touchez au moment où vous allez connoître
Le véritable sort du sang qui vous fit naître.

SCENE VIII.

CLAUDIUS, MAXIME.

CLAUDIUS.

QUe dit-il? Juste Ciel! je suis saisi d'horreur.
Quel murmure, à ces mots, s'éléve dans mon
    cœur?

N'importe ; il n'eſt plus tems que ſon ſort m'atten-
    driſſe.

à Maxime.

Cours, va-t'en à l'Armée annoncer ſon ſupplice;
Et que Victorinus, libre par cette mort,
Vienne me conſoler d'un ſi cruel effort.

Fin du quatriéme Acte.

ACTE V.

SCENE PREMIÈRE.

CLAUDIUS, MAXIME.

MAXIME.

Uy, par ce juste Arrêt, qui vange votre Pere,
Les mutins appaisez sont contraints de se taire.
Contens que d'un Héros lâchement massacré,
L'assassin découvert, à la mort soit livré,
Contre Victorinus leur fureur amortie,
Lui laisse de leur Camp une libre sortie :
Et vous les verrez tous, confus, humiliez,
Vous protester, Seigneur, en tombant à vos pieds,
Que les Dieux au-dessus de toute autre Puissance,
Pouvoient seuls les porter à cette violence.

E iij

CLAUDIUS.

Puisque Victorinus n'est plus entre leurs mains,
Qu'il vienne donc ici partager mes chagrins.
Dans l'état où je fuis, je n'ai plus d'autres charmes
Que de pouvoir mêler mes foûpirs à fes larmes.

MAXIME.

En fortifiant dans ces murs, il a fçû que Licas
Au lieu de fon fupplice avoit porté fes pas.
Suivi de ceux des fiens que le hazard lui montre,
Il a voulu foudain aller à fa rencontre :
Et je n'ai pû, Seigneur, refufer ma pitié
A ce dernier devoir qu'il rend à l'amitié.

CLAUDIUS.

Je ferai donc le feul dont la fureur barbare
Que dis-je ? je me trouble, & ma raifon s'égare.
Depuis que de Licas, tout criminel qu'il eft,
Ma bouche impitoyable a prononcé l'Arrêt,
Dans le fond de mon cœur, une voix gémiffante
Excite des combats, dont l'horreur m'épouvante.
Je m'abhorre moi-même, & ne puis me fouffrir;
Je croi que fous mes pas la terre va s'ouvrir ;
Et que me reprochant mon ordre fanguinaire,
Le Soleil à regret me prête fa lumiere.
Mais lorfque les Bourreaux l'auront fait expirer,

Quel secret son Ami me doit-il déclarer ?
Et comment son trépas me fera-t'il connoître
Le véritable sort du sang qui me fit naître ?
Peut-être ma fureur trop prompte à se vanger. . . . .
Une seconde fois, je veux l'interroger,
Les confronter ensemble, & punir cette offense
Avec moins de transport, & plus de connoissance.
Va, Maxime.

MAXIME.

Plûtôt que de vous obéïr,
Faites percer ce cœur qui ne peut vous trahir.
Quoi ? Ne voyez-vous pas l'effroyable tempête
Où vos ordres changez exposent votre tête ?
Que bientôt, reprenant sa première fureur,
L'Armée. . . . .

CLAUDIUS.

Ah ! je n'ai plus que le nom d'Empereur,
Qu'un nom, qui m'accablant d'un joug que je déteste,
Pour être plus brillant, n'en est que plus funeste.

SCENE II.

CLAUDIUS, JUSTINE, MAXIME.

JUSTINE.

C'En est donc fait, cruel ! dans ce funeste jour
Vous ne connoissez plus de sermens, ni d'a-
mour.
Mon Pere suit Licas qu'on entraîne au supplice.
Condamner son Ami, c'est vouloir qu'il périsse.
Des fureurs des Soldats ne l'avez-vous sauvé,
Qu'afin que par le peuple il me fût enlevé ?
C'est donc là cette gloire où j'étois destinée ?
C'est-là que sont réduits vos projets d'Hyménée ?
Par quel funeste amour vous laissant entraîner,
Ne venez-vous ici que pour m'assassiner ?
Et pour remplir d'horreurs, de sang, & de victimes,
Ces climats , qui , sans vous , seroient exempts de
crimes ?

CLAUDIUS.

Hé quoi : vous ignorez par combien d'attentats

Ce perfide Chrétien mérite le trépas ?
J'ai découvert en lui l'assassin de mon Pere.
Je devois à son crime un châtiment sévére ;
Je le devois aux Dieux, à l'Armée, au Sénat.

JUSTINE.

Hé ! l'a-t'on convaincu de cet assassinat ?

CLAUDIUS.

Pour rendre contre lui mon Arrêt légitime,
Son silence est autant que l'aveu de son crime.

JUSTINE.

Ah ! vous connoissez mal, Seigneur, je le voi bien,
Jusqu'où va pour la mort la fureur d'un Chrétien.
Il se laisse accuser, & punir en coupable
De crimes dont son cœur ne fut jamais capable,
Et croit qu'un désaveu rejetteroit l'appui,
Qu'un Dieu lui vient offrir pour l'appeller à lui.

CLAUDIUS.

Ah ! s'il est innocent, souffrez que je l'ignore.
N'offrez point à mes yeux des clartez que j'abhorre.
Peut-être ai-je plûtôt condamné ce Chrétien,
Pour sauver votre sang, que pour vanger le mien ;
Et vous ne devez pas, à ma douleur amere
Reprocher une mort, qui vous rend votre Pere.

JUSTINE.

Hé ! pouvez-vous douter qu'à la mort de Licas
Jufqu'à périr lui-même il ne s'oppofe pas ?
Qu'avides d'immoler une double victime ;
Les Prêtres, de fes foins ne lui faffent un crime ?
Et qu'un Peuple animé par leurs reffentimens,
N'écoute plus leur voix que vos commandemens ?
Alors peut-être, alors croirez-vous me féduire
Par les fauffes raifons que vous viendrez me dire,
Et me perfuader, fur un coup du hazard,
Qu'aux pleurs que je répands vous n'aurez point de
   part ?
Je veux de vos fermens un plus fûr témoignage ;
Et que vous choififfiez, pour m'ôter tout ombrage ;
Entre les deux partis que je viens vous offrir,
De les fauver tous deux, ou de me voir mourir.
Parlez.

CLAUDIUS.

Hé bien, Madame, il faut vous fatisfaire.

A Maxime.

Vous le voulez : Qu'on aille au fecours de fon Pere ;
Qu'on raméne Licas ; qu'on fufpende fa mort.

JUSTINE.

Seigneur, j'y cours moi-même. Excufez ce tranfport.

SCENE III.

CLAUDIUS, MAXIME.

MAXIME.

QUoi ! sauver un Chrétien, qui vous prive d'un
Pere !

CLAUDIUS.

Justine & ma pitié m'assûrent du contraire.

MAXIME.

Ah ! vous écoutez trop un dangereux amour,
Qui cherche à vous coûter & l'Empire & le jour.

CLAUDIUS.

Hé ! crois-tu que j'estime & l'Empire & la vie,
S'il faut qu'à mon amour Justine soit ravie ?
Ah ! si d'un bien plus doux je dois être privé,
Qu'ai-je affaire du rang où je suis élevé ?
J'aime mieux conserver le nom d'Amant fidelle,
Que celui d'Empereur que j'abhorre sans elle :
Et de tous les périls que j'assemble sur moi,
La peur de lui déplaire est le seul que je voi.
Oüi, de ces deux amis j'embrasse la deffense :
Je vais les secourir de toute ma puissance,

Et chaſſer de mon cœur, pour leur ſauver le jour,
Tous autres mouvemens que ceux de mon amour.

SCENE IV.

CLAUDIUS, MAXIME, LEPIDE.

LEPIDE.

AH! Seigneur, ces Amis que vous allez def-
fendre,
De vos ſoins généreux n'ont plus rien à prétendre.

CLAUDIUS.

Quoi! mon ordre?.....

LEPIDE.

Seigneur, il n'en étoit plus tems.
Victorinus n'eſt plus.

CLAUDIUS.

Ah! qu'eſt-ce que j'entens?

LEPIDE.

D'amitié, de conſtance, un exemple ſi rare,
Eſt digne d'attendrir l'ame la plus barbare.
Licas, loin d'être émû des aprêts de ſa mort,
Paroiſſoit, en marchant, s'aplaudir de ſon ſort,

Comme si la fortune à ses desirs propice,
Le menoit au triomphe, & non pas au supplice.
Au pied de l'échaffaut il étoit parvenu,
Quand par des bras pressans il se sent retenu,
Et d'un torrent de pleurs inondant son visage,
J'entens Victorinus lui tenir ce langage.

» Vous abandonnez donc un malheureux Ami,
» Qui ne connoît encor votre Dieu qu'à demi,
» Et qui privé des Eaux qui répandent sa grace,
» En mourant avec vous ne verra point sa face ?

» Si tu veux partager la gloire qui m'attend,
» Profite, dit Licas, de cet heureux instant.
» Dieu ne met point de borne à sa bonté suprême,
» Et le sang d'un Martyr suffit pour son Baptême.
Mon Maître, par ces mots, se sentant affermi,
Vole, & sur l'échaffaut devance son Ami.
Là, des Prêtres présens parcourant tous les crimes,

» Monstres, qui demandez des Chrétiens pour
    » victimes,
» Qu'avec Licas, dit-il, l'on m'immole aujourd'hui
» Je suis aussi coupable, aussi Chrétien que lui.
A peine il achevoit, qu'approuvant son envie,
 Peuple ne veut plus qu'on épargne sa vie ;
Et des Dieux à votre ordre opposant les Arrêts,

Ils couvrent l'échaffaut d'une grêle de traits,

Comme un secours du Ciel contemplant cet orage ;

Il en voit les éclats sans changer de visage ;

Et n'a d'autre sujet de frayeur & d'ennui ,

Que de voir tous les coups n'en tomber pas sur lui.

Ses vœux sont exaucez. Trente fléches parties

Font écouler son sang par autant de sorties ;

Et prêt à succomber , cet Ami pâlissant

Tend les bras à Licas , & meurt en l'embrassant.

CLAUDIUS.

Ciel !

LEPIDE.

Alors , les mutins échauffez au carnage ,

Tournent contre Licas le reste de leur rage.

Sous mille traits nouveaux , il se sent accabler :

Et son sang , à grands flots commençoit à couler ,

Quand vos Gardes , Seigneur , arrivez dans la Place ,

Des plus séditieux ont réprimé l'audace ,

Et conduit dans ces lieux ce Vieillard aux abois ,

Qui demande à vous voir pour la derniére fois.

Le voici qu'on améne.

CLAUDIUS.

O spectacle barbare !

Quelle nouvelle horreur de tout mon cœur s'em-

pare ?

SCENE V.

CLAUDIUS, CASSIUS, MAXIME, LEPIDE, GARDES.

CASSIUS, *soûtenu par des Gardes.*

JE vous avois promis de vous defabufer
D'un meurtre, qu'aux Chrétiens on ofoit fuppofer.
Par moi, Victorinus inftruit de ce myftere,
Vous devoit éclaircir du fort de votre Pere.
Il n'a pû s'acquiter de ce qu'il m'a promis.
Je viens prendre fa place. Approchez vous mon Fils
Embraffez votre Pere.

CLAUDIUS.

Ah ! que viens-je d'entendre ?

CASSIUS.

Voilà le feul état où j'ai pû vous le rendre.

CLAUDIUS.

Quoi ? lorfque dans l'Empire il n'eft point de climats,
Où, pour vous découvrir, l'on n'ait porté fes pas,
Dans ce funofte état faut-il que je vous voye ?
Et qu'au lieu d'un retour qui m'eût comblé de joye,

En vous reconnoiſſant, je vous perce le cœur ?

CASSIUS.

Suſpendez vos regrets, Laiſſez-moi la douceur
De vous donner, mon Fils, tout le tems qui me
 reſte.
Votre Empereur n'eſt plus. La Juſtice céleſte
A permis que ſon ſang répandu par les ſiens,
Ait puni ſes excès, & vangé les Chrétiens.
De l'Empire, aujourd'hui vous êtes le ſeul Maître.
Et l'Oracle Divin qui me le fait connoître,
M'apprend auſſi qu'un jour un de vos Empereurs
Doit abbattre vos Dieux, détruire leurs erreurs,
Et faire ſuccéder dans votre Capitole
Le véritable Culte à leur Culte frivole.
Par vos vertus, mon Fils, tâchez de mériter
Que le Maître des Rois me daignant écouter,
Se ſerve de vos mains pour ce fameux ouvrage.
Mais de ſon poids mortel mon ame ſe dégage :
Je la ſens qui s'apprête à voler vers ſon Dieu.
Ne vous affligez point de mon bonheur. Adieu.

On l'emmene.

❧

SCENE

SCENE VI.

CLAUDIUS, MAXIME, LEPIDE.

CLAUDIUS.

Ciel, es-tu sans carreaux ? Terre, es-tu sans
    abîmes
Contre un monstre soüillé par le plus grand des
    crimes ?
Pour en cacher l'horreur, Montagnes couvrez-moi
Fleuves débordez-vous. Nature, vange-toi.
Mon Pere, avez-vous pû, de tant d'horreurs avide,
D'un Fils si plein d'amour, faire un Fils parricide ?
Mais dois-tu qu'à toi-même, opprobre des Hu-
    mains,
Imputer des forfaits, inconnus aux Romains ?
A cette voix du sang qui te parloit en Maître,
Ne devois-tu pas voir celui qui t'a fait naître ?
Et prêt à le répandre, as-tu dû résister
A tant d'avis secrets qui vouloient t'arrêter ?
Ton cœur te le montroit, & ton bras l'assassine ?
Toi seul . . . . .

SCENE VII. & DERNIERE.

CLAUDIUS, MAXIME, RUTILE, LEPIDE.

RUTILE.

Venez, Seigneur, au secours de Justine.
A peine, de son Pere elle a vû le trépas,
Qu'elle saisit un Trait rencontré sous ses pas.
Elle alloit s'en frapper. Nous l'avons désarmée.
Sur son Pere sanglant elle a tombé pâmée.
Vous seul, à la clarté pouvez la rappeller.
Le tems presse. Son ame est prête à s'envoler,
Ne l'abandonnez pas à sa douleur mortelle.
Venez.

CLAUDIUS.

Allons plûtôt expirer avec elle.

Fin de la Tragédie.

APPROBATION.

J'AI lû par ordre de Monseigneur le Garde des Sceaux la Tragédie de *Cassius & Victorinus Martyrs*, & j'ai crû qu'on pouvoit en permettre l'impression. A Paris ce 3 Novembre 1732.

MAUNOIR.

cuns Extraits, sous quelque prétexte que ce soit, d'augmenta-
tion, correction, changemens de titres, ou autrement sans la
permission expresse de ladite Exposante, de ceux qui auront
droit d'elle, à peine de confiscation des Exemplaires contre-
faits, de six mille livres d'amende contre chacun des contre-
venans, dont un tiers à Nous, un tiers à l'Hôtel-Dieu de Paris, l'autre tiers à ladite Exposante. & de tous dépens, dom-
mages & intérêts; à la charge que ces Présentes seront enre-
gistrées tout au long sur le Registre de la Communauté des
Libraires & Imprimeurs de Paris, & ce dans trois mois de
la datte d'icelles; que l'impression de ces Livres sera faite
dans notre Royaume & non ailleurs, en beau papier & en
beaux caractères conformsement aux Réglemens de la Libraï-
rie; & qu'avant de les exposer en vente, les Manuscrits ou
Imprimez qui auront servi de copies à l'impression desdits
Livres, seront remis dans le même état où les approbations
y auront été données, ès mains de notre très-cher & Féal
Chevalier, Chancelier de France, le sieur Daguesseau; &
qu'il en sera ensuite remis deux Exemplaires de chacun dans
notre Biblioteque publique, un dans celle de notre Château du
Loüvre, & un dans celle de notre très-cher & Féal Chevalier
Chancelier de France, le sieur Daguesseau : le tout à peine
de nullité des Présentes. Du contenu desquelles Vous man-
dons & enjoignons de faire joüir l'Exposante ou ses ayanc
cause, pleinement & paisiblement, sans souffrir qu'il lui soit
fait aucun trouble & empêchement. Voulons que la copie des-
dites Présentes qui sera imprimée au commencement ou à
la fin desdits Livres tout au long, soit tenuë pour dûëment
signifiée; & qu'aux copies collationnées par un de nos Amez
& Feaux Conseillers & Sécretaires du Roi, foi soit ajoutée
comme à l'original. Commandons au premier notre Huissier
ou Sergent, de faire pour l'exécution d'icelles tous Actes
requis & nécessaires, sans demander autre permission, &
nonobstant Clameur de Haro, Chartre Normande & Lettres
à ce contraires. CAR tel est notre plaisir. DONNE' à Paris
ce vingtiéme jour de Septembre l'an de grace mil sept cent
vingt, & de notre Regne le six. Par le Roi en son Conseil;
Signé FOUQUET, *avec paraphe.*

Regiſtré sur le Regiſtre 4 de la Communauté des Libraires &
Imprimeurs de Paris, page 653. n 702. conformément aux Régle-
mens, & notamment à l'Arreſt du Conſeil du 13 Août 1703. A
Paris le 27 Septembre 1720. Signé DE LAULNE, *Sindic.*

De l'Imprimerie de Gabriel Valleyre fils.